PLAN POLITIQUE

ADRESSÉ A M. THIERS,

MINISTRE DES AFFAIRES ÉTRANGÈRES,

le 7 août 1840,

Par M. Bénéche,

Ancien Sous-principal du Collége, et Bibliothécaire de Carcassonne,

Carcassonne, le 8 août 1840.

A S. E. M. Thiers, Ministre des affaires étrangères.

Monsieur le Ministre,

C'est avant hier seulement que la nouvelle du traité du 15 juillet entre les 4 puissances, s'est répanduc dans la ville.

Vivant loin de Paris, et ne pouvant avoir l'avantage de converser avec vous quelques minutes, pour vous soumettre un projet que je crois très utile à ma patrie, je vous le soumets par cette lettre.

On veut humilier la France; il faut un coup d'audace pour la faire respecter. Donnez ordre à nos amiraux de joindre toutes leurs forces à celles de Méhémet-Ali, et écrasons la flotte anglaise qui ne compte que 7 à 8 vaisseaux dans la Méditerranée en ce moment. Le Pacha en a plus de 30 depuis l'adjonction de la flotte Turque; la nôtre est au moins de dix ;

la supériorité du nombre nous assure un succès complet. Cela vaut mieux que tous les manifestes et les notes diplomatiques que je lis dans tous nos journaux, pour prouver l'injustice du traité du 15 juillet, qui ne tend à rien moins qu'à nous exclure des affaires d'Orient, et y ruiner tout notre commerce. Le plus léger prétexte suffira pour attaquer les vaisseaux anglais, sans attendre même notre déclaration de guerre en forme. Plus d'une fois l'Angleterre, dans le siècle dernier, s'est emparée de tous nos bâtiments marchands, sans déclaration de guerre. C'est à ces perfidies qu'elle doit sa supériorité actuelle. Ici, nous aurons pour prétexte d'embrasser la défense de notre allié Méhémet, qu'on veut dépouiller. Les Anglais ont pour but de détruire toutes les forces maritimes de l'Europe, pour s'assurer l'empire des mers et le commerce du monde. Prévenons ses injustes desseins; ils redoutent les 30 vaisseaux du Pacha d'Egypte et son alliance avec nous, et ils voudraient le forcer à restituer au Sultan sa flotte; ils veulent l'affaiblir, c'est leur intérêt, le nôtre est d'accroître la puissance de cet allié de la France. Il faut donc les prévenir par une attaque soudaine : ils ne sont pas prêts, nous le sommes. Il ne faut pas attendre que leurs flottes de Portsmouth arrivent; remportons une victoire qui nous est assurée en ce moment, et tout nous devient facile. Méhémet obtient la Syrie et une partie de la Natolie; le Sultan, voyant notre supériorité, accepte notre protectorat et ouvre tous ses ports à notre commerce. Abd-el-Kader n'osant plus compter sur l'appui que lui promet secrètement l'Angleterre, se soumet aux conditions que nous lui imposons. Les flottes réunies de France et d'Egypte franchissent les deux détroits et attaquent avec un avantage presque certain, la flotte si peu nombreuse de la Russie dans la mer Noire. La France venge de vieilles injures et relève fièrement la tête parmi les nations Européennes. Vous connaissez le caractère français, et vous ne doutez pas que l'enthousiasme qu'inspirera notre victoire ne double nos forces. Votre rôle, M. le Ministre, deviendra beau; la France verra en vous un vengeur. Vous nous aurez assuré dans le Pacha d'Egypte et de Syrie , un puissant allié que la providence destine peut-être au trône de Constantinople et qui peut, avec notre aide, menacer les posses-sions anglaises des Indes, et arrêter leurs envahissements successifs de ce côté.

Quant à la Prusse et à l'Autriche, on peut présumer qu'elles n'ont accédé au traité du 15 juillet, que pour complaire aux Anglais ; mais comme elles n'ont rien à obtenir en Orient, et aucun intérêt bien direct dans les démêlés du Sultan et du Pacha d'Egypte, on peut croire qu'elles se retireraient de cette quadruple alliance, sans beaucoup de difficultés. J'ajoute que l'Angleterre, obligée de recréer sa marine à grands frais , ne pourrait plus, comme précédemment, fournir d'énormes subsides à la Prusse et à l'Autriche. Qui vous empêcherait de faire comprendre à ces deux puissances, qu'elles devraient se-conder de leurs vœux notre lutte maritime contre l'Angleterre, qui s'arroge l'empire esclusif de toutes les mers du globe , et qui deviendrait leur ennemie si elles avaient un jour l'in-tention de se créer une marine capable de lui porter ombrage. On dirait et l'on ferait comprendre à l'Autriche , à la Prusse , que leur intérêt bien entendu est de pouvoir librement com-mercer sur mer , pour exporter leurs denrées et leurs mar-chandises aux autres peuples, sur leurs vaisseaux, sans crain-dre de les voir inquiétés ou visités par les Anglais.

Voilà quelques-uns des avantages de ce projet. Je n'ai pas le loisir de les détailler tous , car c'est de la célérité que dépend le succès : votre esprit supérieur les a déjà saisis.

Que si au contraire, on temporise ou si l'on n'ose rien en-treprendre, voici ce qui en résultera. Le déshonneur nous attend, on nous comptera pour rien dans l'Europe, on pensera que toute notre énergie s'est éteinte, qu'on peut nous insul-ter impunément, et qu'il serait facile de démembrer la France à l'exemple de la Pologne ; nous perdrons tous nos alliés, au-cun peuple n'aura foi en nos promesses et en notre puissance ; nous descendrons au-dessous des États de second ordre ; tout se fera en Europe sans notre consentement et même contre nos intérêts ; les Anglais nous feront subir toutes sortes d'humiliations, surtout à l'égard de notre commerce maritime, qui n'a lieu que sous leur bon plaisir, et de nos colonies qui sont à leur merci. Notre seul allié Méhémet nous accusera d'impuissance et peut-être de lâcheté ; il se verra forcé de subir les lois de la quadruple alliance ; il sera obligé de rendre la flotte Turque au Sultan, et peut-être la sienne deviendra la proie des Anglais qui feront chanceler son trône. Méhémet préférera l'alliance anglaise toute puissante, à la nôtre qui, loin de lui être d'aucun secours, peut le compromettre ; que si notre orgueil national ne peut supporter l'état de dégradation et d'humiliation où va nous réduire le traité du 15 juillet, nous voudrons tirer l'épée et jeter le cri de guerre ; mais quels succès pouvons-nous espérer dans une lutte aussi disproportionnée et contre les quatre monarchies les plus puissantes de l'Enrope, auxquelles se joindront sans doute les Turcs. Nous nous épuiserons bientôt en hommes et en argent pour faire une vaine parade de nos forces. Nos finances ne sont pas assez prospères pour fournir aux dépenses énormes d'une guerre générale ; sur quels alliés pouvons nous compter ? Le déploiement de nos forces peut indisposer les souverains, et amènera une invasion nouvelle , sans autre raison que celle du plus fort.

Si l'on n'est pas décidé à frapper un coup hardi, et tout de suite, sur les côtes de Syrie, mieux vaut dix fois ne pas songer à la guerre et fléchir dans cette circonstance où nous ne sommes pas en mesures. Il vaudrait mieux abandonner la partie, laisser les alliés agir à leur gré en Orient, nous tenir dans une neutralité armée, qui quelquefois a plus d'autorité que toutes les plaintes et les récriminations.

Il vaudrait mieux dis-je, attendre l'évènement dans un calme imposant ; et comme il se prépare sans doute quelque injustice envers le souverain de l'Egypte, nous n'aurions pas la honte d'y avoir participé.

Réservons nos forces pour sauver l'Algérie des attaques

d'Abd-el-Kader, que l'Angleterre excite contre nous ; évitons toute démonstration hostile sur le Rhin ; ménageons nos forces et nos finances ; tenons-nous prêts pour agir ensuite avec vigueur lorsque les intérêts divers des coalisés les auront divisés et brouillés.

Si un jour une guerre éclatait entre ces quatre puissances, soyez sûr qu'une d'elles serait la première à venir solliciter notre alliance, et on verrait alors de quel poids nous sommes dans la balance de l'Europe. Si on ne sait pas attaquer à l'instant favorable et quand tout promet le succès, il faut savoir imiter l'honnête homme outragé, qui dans l'impossibilité de se défendre, se recueille en lui-même, concentre ses forces, amasse en secret les trésors de sa colère pour le jour de la vengeance.

Peut-être tout autre parti conduirait à de grands malheurs ou à de grandes humiliations ; vous ne perdrez pas de vue qu'un second *Waterloo* entraînerait dans le naufrage de la France la perte de toutes nos libertés et d'une charte dont vous avez été un des principaux fondateurs.

Voilà la marche la plus convenable ; mais si le cœur vient à vous faillir, vous songerez à Casimir Perrier. L'a-t-on accusé de témérité, quand il s'empara à l'improviste d'Ancône et quand il envoya une armée pour prendre Anvers ? Dans certains cas il faut de la résolution : tous les grands hommes ont frappé de ces coups audacieux et heureux, et l'histoire a qualifié ces hommes de grands. Il dépend de vous de faire remporter à notre marine une victoire signalée, qui nous rendra redoutables ou qui du moins nous fera respecter, et prouvera que la France n'a pas encore perdu toute son énergie.

Le coup étant une fois porté, il ne serait pas très difficile de calmer l'irritation des Anglais, en rejetant sur quelque malentendu ou sur quelque chef de bureau, l'ordre donné à notre amiral de Toulon. Si l'ennemi demandait quelque réparation, on l'accorderait, mais l'éclat de la victoire aurait partout retenti, et tout en révélant notre puissance, nous ferait reprendre notre rang en Europe.

On observera qu'ici les Anglais seuls auraient à se plaindre et à supporter le dommage, et que les trois autres puissances qui n'auraient rien souffert, s'appaiseraient bientôt. Je m'arrête, je n'ai pas le temps d'entrer dans beaucoup de détails; je viens de concevoir ce projet aujourd'hui même sept août; il faut qu'il parte pour qu'il réussisse, en cas que vous l'adoptiez. Un jour de retard peut faire manquer le plan, car les Anglais vont envoyer des vaisseaux.

M. Bénéche envoya, le 6 août 1840, ce Plan à M. Ressigeac, député de l'Aude, et résidant à Toulouse, avec prière de le transmettre au Ministre des affaires étrangères. — M. Ressigeac renvoya le Plan à l'Auteur, par sa lettre en date du 7 août. — En voici la copie textuelle. — Sur cette réponse, le Plan fut envoyé par la poste à M. Thiers.

LETTRE

De M. Ressigeac, Député de l'Aude, A M. Bénéche.

Il y a du *Thémistocle* dans votre plan; et je vous avoue que je partage les répugnances d'*Aristide*. Trop souvent l'Angleterre a foulé aux pieds les règles du droit des gens; je ne pense pas que la France doive l'imiter en cela. Je vous renvoie donc votre plan, ainsi que vous le désirez. Je ne sais si vous ferez bien de communiquer vos vues à notre Cabinet; je vous laisse votre libre arbitre.

RESSIGEAC.

Toulouse, 7 août 1840.

NOTA. Les lecteurs de journaux ont dû voir que la plupart des idées de ce plan ont été reproduites à la Tribune par divers Députés de toutes les nuances d'opinion.

Ce Plan a été aussi communiqué, l'année suivante, à plusieurs fonctionnaires de cette ville; entr'autres, à MM. Sicard-Blancard, Denisse, Dupré, Vidal, etc.

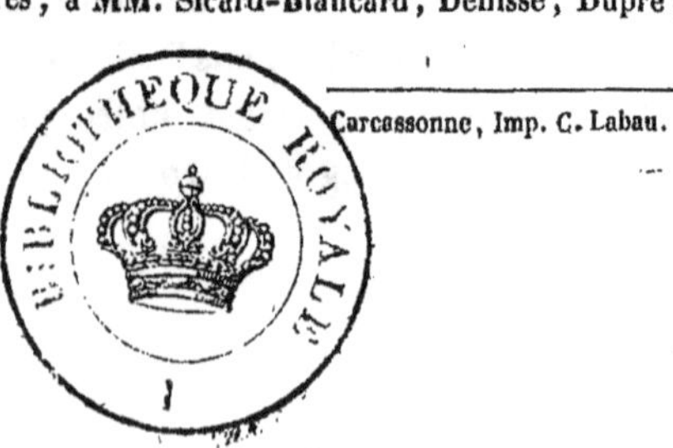

Carcassonne, Imp. C. Labau.

PLAN POLITIQUE

ENVOYÉ A M. LE MARQUIS DESSOLES,

PRÉSIDENT DU CONSEIL DES MINISTRES, EN 1819,

Par M. Bénéche,

Ancien Sous-principal du Collége, et Bibliothécaire de Carcassonne.

Carcassonne, le 20 mars 1819.

A son Excellence le Marquis Dessoles, Ministre de l'Intérieur.

Monsieur le Ministre,

Il doit être permis à un bon Français de vous communiquer une idée qu'il croit utile à sa patrie.

La perte de S.ᵗ-Domingue nous a rendus tributaires de

L'auteur, persuadé que tout ce qui vient de la Province, en fait de politique, est rarement accueilli à Paris, à moins de se présenter appuyé par des personnages influents, s'adressa à M. David, Maire de Carcassonne, pour soumettre ce plan aux Ministres. M. David ne put pas se charger de cette commission.

M. Barthe-Labastide, Député de l'Aude, voulut bien, à la prière de M. De Fournas, se charger de présenter ce plan, et me fit part de la réponse du ministre : « C'est le rêve d'un bon frençais, mais l'Angleterre s'opposerait à ce projet. » Les lecteurs jugeront si cette pusillanimité n'a pas été la cause de la perte pour l'Espagne de toutes ses colonies continentales de l'Amérique, et pour nous la perte de Cuba, île si considérable que le revenu excède 100 millions, et qu'on l'appelle la Reine des Antilles.

l'Étranger pour plus de 100 millions par an en denrées Coloniales : une occasion extrêmement favorable, et peut-être unique, se présente de réparer cette perte immense qui rend la balance de notre commerce si désavantageuse.

Que la France offre à l'Espagne vint mille soldats et quinze ou dix huit vaisseaux de guerre pour l'aider à raffermir son autorité chancelante dans ses Colonies d'Amérique. Quel souverain de l'Europe n'applaudirait pas, dans ces circonstances actuelles, à une entreprise qui tendrait à comprimer des mouvements révolutionnaires, et à faire triompher le principe de la légitimité!

Le prix de ces secours serait la cession de l'Ile de Cuba. Cette Colonie ou toute autre équivalente nous permettrait de ne plus regretter la perte de toutes celles que l'Angleterre nous a prises, surtout celle de S.ᵗ-Domingue, qui nous fournissait assez de sucre, de café, de coton, de cacao, de cochenille et autres produits des tropiques pour notre consommation, et même pour en vendre aux nations de l'Europe : fait constaté par toutes les statistiques.

Cette cession pourrait rétablir nos finances épuisées, et l'Espagne sacrifierait sans doute volontiers une très petite partie de ses immenses possessions d'Amérique pour conserver tout le reste; et il est notoire qu'elle ne pourrait maintenir son autorité en Amérique sans notre aide, car l'Angleterre, depuis quelques années, y souffle le feu de la révolte.

D'un autre côté, en aidant l'Espagne, vous réconciliez peut-être deux nations qu'une fausse politique avait divisées; vous empêchez l'Angleterre de succéder en Amérique à la puissance qui échappe à la branche Espagnole des Bourbons, et jamais plus faible assistance n'aurait été plus utilement payée, puisque nos vaisseaux vont rester inactifs dans nos ports, et qu'un grand nombre de nos soldats préféreront servir que de rentrer dans leurs misérables foyers.

La Cour de Londres verrait sans doute avec peine Cuba entre nos mains; mais je ne pense pas que ce motif fût suffisant pour

rompre ouvertement avec la France. Pourrait-elle faire un cri-
me à un Bourbon d'aider un Bourbon dans une si juste cause !
Ne serait-il point permis à des princes alliés par le sang de se
prêter mutuellement des secours pour étouffer le ferment révo-
lutionnaire, but réel ou apparent de tous les rois de l'Europe
dans leur croisade contre nous.

Qu'on ne craigne pas de s'engager ici dans une nouvelle guerre longue ou ruineuse, ce ne serait pas à nous à soutenir cette
entreprise avec notre argent: ce serait envisager le projet sous
un faux point de vue. Il s'agit seulement d'un prêt dont on
détermine le prix; tout serait à la solde de l'Espagne; nous
n'avons plus à nous inquiéter de l'entreprise, quel qu'en soit le
résultat : le seul but est d'obtenir la cession de Cuba, moyen-
nant tels secours convenus entre les parties.

Nul doute qu'en déployant des forces imposantes, les Colonies revoltées n'acceptent des propositions conciliatrices que
leur métropole leur offrirait, en leur garantissant les priviléges
et les droits qu'elles réclament.

Est-il nécessaire d'observer que tant que tous ces riches pays
rèstcront sous la domination Espagnole, notre commerce sera
favorisé par un Bourbon, et que s'ils s'émancipent à l'aide des
Anglais ou des Etats-unis, ils nous exclueront de ces pays, et
notre commerce y sera presque nul.

Voyons quelles autres objections l'on pourrait faire à un pro-
jct dont l'utilité ne peut être contestée.

L'Espagne répugnerait-elle à voir nos vaisseaux unis aux
siens ? sa fierté en serait-elle blessée dans l'irritation qu'ont
fait naitre nos injustes agressions ? Mais la voix de la nécessité
est là pour se faire entendre. Sans nous, que peuvent-ils ? le
déplorable état de leur marine et de leur armée est connu.

Si l'on dit que la France, découragée par les événements de
sa dernière guerre, n'oserait encore jouer aucun rôle actif, on
peut répondre que ce scrait aller d'un extrême à l'autre. Quoi,
parce que nous avons abusé de la victoire, est-ce une raison
pour ne plus oser veiller sur nos intérêts ! N'est-il aucun milieu

entre deux excès opposés ! A qui peut nuire ce projet ! Qui aurait
le droit de s'en plaindre ! le traité de paix nous interdit-il aucune alliance ! Est-ce encore la soif des conquêtes qui nous ferait
agir ici ! Le Roi d'Espagne demande l'appui du Roi de France ,
et celui-ci lui prête quelques forces dont sa majesté Louis
xviiI n'a pas besoin ; quoi de plus simple , quoi de plus naturel
entre parents ! Nous avons été terrassés , faut-il pour cela rester
couchés dans la poussière !

Les nations, ainsi que les hommes, voient souvent leur prospérité naître du sein des revers, et au moment même qu'ils
osent l'espérer le moins. Le découragement n'améliorerait pas
notre sort. Qu'on se souvienne de quelle manière la Lorraine
fut acquise à la France : on espérait à peine en obtenir la cession, on l'obtint cependant parce qu'on tenta d'en faire la demande. Que risque-t-on de proposer cet échange à Ferdinand ;
c'est l'intérêt des deux Rois , et on n'offense ici aucun des coalisés qui ont les mains pleines de nos dépouilles.

Dirait-on que la jalouse Angleterre mettrait son *veto* ; mais il
lui faudrait trouver un prétexte. Elle se vante d'avoir sauvé
l'Espagne du joug de Napoléon ; elle se dit l'amie et la protec-
trice de l'Espagne, et cependant elle excite sourdement ses Colonies à la révolte, elle leur envoie de l'argent, des armes, des
soldats pour les aider à secouer le joug Espagnol ! Et nous, les
vrais amis de Ferdinand, qui désirerions renouer l'ancien pacte
de famille et ses relations les plus amicales, nous ne pourrions
prêter à l'Espagne la moindre assistance ? Non , cela ne peut pas
être : quelque dures que soient les conditions qui nous ont été
imposée par les vainqueurs, on n'a pu nous interdire toute alliance avec l'Espagne, et tout appui mutuel. Qu'on se rassure donc
à cet égard ; l'Angleterre est trop habile pour se démasquer sitôt ;
elle ne nous déclarerait pas la guerre pour un motif aussi légitime : elle craindrait de se trouver en opposition manifeste avec
les nobles principes qu'elle affiche avec tant d'ostentation aux
yeux des Rois de l'Europe, contre la propagande révolution-
naire. Que dis-je, les souverains absolus de l'Europe verraient

avec plaisir que les denrées coloniales de Cuba pussent, entre des mains laborieuses, faire concurrence avec celles que leur vendent à si haut prix les Anglais, et que les idées républicaines disparussent de la surface du globe.

On sait que l'Angleterre et ses Etats-unis convoitent cette île ; l'Espagne leur doit beaucoup, et la cédera peut-être pour s'acquitter. Quel regret pour la France de n'avoir pas profité d'une circonstance si favorable, lorsqu'il ne s'agit que de prêter quelques vaisseaux et quelques bataillons, dont la paix nous permet de disposer pour l'intérêt d'un Bourbon !

Carcassonne, Impr. C. Labau.

PLAN

POLITIQUE.

Par M. BÉNÈCHE.

Nota. L'Auteur communiqua ce plan à M. Rolland du Roquan, alors conseiller municipal, et à M. Sabatier, chef de bureau à la préfecture; et il fut envoyé par M. Barthe, député.

PLAN POLITIQUE

ENVOYÉ EN 1828,

AU PRÉSIDENT DE LA CHAMBRE DES DÉPUTÉS,

Par M. BÉNÉCHE,

Ancien professeur, sous-principal et bibliothécaire de la
ville de Carcassonne.

MESSIEURS,

Un grand procès se plaide depuis 1825 devant la France en‑
tière. C'est entre le Ministérialisme et le Journalisme que les
débats ont lieu. Ces débats n'auraient rien que d'intéressant
pour notre patrie, qui fait encore l'apprentissage du régime
constitutionnel, si les parties adverses soutenaient leur cause
avec ce calme et cette modération qui permettent d'asseoir un
jugement sain, et de s'éclairer mutuellement. On prétend que
l'étincelle de la vérité ne peut jaillir que du choc des opinions ;
j'en conviens, mais il faudrait, pour cela, que tous les français
pussent lire les journaux des deux partis, afin d'en peser les
arguments contraires, et c'est ce qui n'a pas lieu ; tel qui ne
lit jamais que le même journal, en adopte les principes exclusifs,
et ne voit plus dans la moitié des français que des révolution‑
naires de 93, ou des partisans outrés de l'absolutisme et de
l'arbitraire qui ont juré la destruction de la charte et de nos
libertés. Alors l'esprit des lecteurs s'exalte, les têtes fermen‑
tent, les français se divisent en deux camps ennemis, et il est
à craindre que les haines qu'inspirent les virulentes diatribes
des feuilles quotidiennes ne nous poussent à la guerre civile
et peut-être à d'épouvantables catastrophes. (1)

____

(1) L'événement de 1830 a confirmé ces craintes.

Il est donc temps que ce procès scandaleux finisse. Les juges sont suffisamment instruits par des discussions qui durent depuis trois années, et l'arrêt peut enfin être prononcé.

Ces juges, Messieurs, c'est vous; c'est le monarque, c'est la nation entière. Veuillez, comme moi, vous transporter en idée au milieu d'une immense plaine qui contiendrait tout le peuple français. Les avocats des deux parties ont plaidé tour-à-tour, et tout ce que l'éloquence a d'empire sur les esprits a été mis en usage pour vous persuader, d'un côté, que le ministère, c'est le Roi, qu'offenser les ministres, c'est offenser le Roi, que blâmer et critiquer ce que veulent leurs excellences, c'est être en pleine révolte contre le Roi; de l'autre côté, pour vous persuader que l'opinion publique, plus ou moins éclairée, et bien ou mal dirigée par les journaux, doit faire la loi, non seulement en France, mais encore en Europe, et commander aux souverains le sacrifice de leurs affections, de leurs principes et de leurs ministres, pour en choisir d'autres.

On conviendra qu'il y a ici excès de part et d'autre. Mais la France, nous dit-on, a assez de sagesse et de sang-froid pour réduire cette exagération à sa juste valeur; on ajoute qu'elle sait à quoi s'en tenir, et qu'ainsi on peut laisser toute latitude aux journalistes des deux partis. L'expérience, Messieurs, doit nous avoir appris que cet avis n'est pas le meilleur. Le français est naturellement trop enthousiaste, et ce qui est sans danger pour l'Angleterre, ne le serait pas pour nous. Je le répète, nous sommes encore trop novices dans l'étude du gouvernement représentatif, et il ne convient point de laisser aux journalistes seuls le soin de faire l'éducation politique de la France. C'est à vous, Messieurs, d'empêcher qu'on ne l'égare, en mettant un frein aux passions déchaînées. — Heureusement le moment est favorable. Le vaisseau, après tant d'oscillations en sens contraires, a repris de la stabilité, je veux dire que nous n'avons plus à craindre les périls du despotisme et de l'anarchie, et qu'en vous tenant à égale distance de ces deux écueils, nous aurons pour nous le parti modéré qui compte les $^3/_4$ de la

France, et qui toujours comprimé depuis 89, vous demande à triompher à son tour pour mettre définitivement un terme à nos troubles intérieurs. Oui, Messieurs, la France pourrait enfin se laisser émouvoir par les provocations journalières des feuilles publiques. Dites aux flots courroucés : vous ne dépasserez point cette borne. Toutes ces lignes courbes ou brisées que nous suivons depuis 40 ans, ont entr'elles une ligne droite qui est le plus court chemin pour arriver au but, et je crois que le jour est enfin venu où il nous sera permis de suivre cette ligne invariablement.

Figurons-nous donc la France réunie et attentive à ces hautes questions de politique dont la solution doit décider de sa tranquillité future. Les avocats, dis-je, ont plaidé tour-à-tour devant ce tribunal suprême. Un silence religieux succède. Le président se recueille pour résumer les faits, et je suppose qu'il s'exprime ainsi :

Uue vive querelle s'est élevée entre deux pouvoirs intermédiaires, le ministérialisme et le journalisme, avant-gardes de deux corps de bataille qui s'observent et dont la limite des camps n'est pas encore bien fixée.

Les défenseurs du ministérialisme prétendent que leurs adversaires troublent l'état, excitent à la révolte, déconsidèrent le trône, entravent la marche du gouvernement en lui ôtant cette force morale d'où dépend le succès de ses mesures ; que les journaux du libéralisme ont une tactique et un but révolutionnaires, qu'ils font presque ouvertement des appels à la sédition ; qu'ils préparent un nouveau 10 août. Que c'est un parti pris de déclamer sans cesse contre les ministres, quelle que soit la sagesse de leur administration, et de les diffamer jusqu'à ce qu'on ait obtenu leur remplacement par les chefs de l'opposition libérale qui ne rêvent que le retour d'une république ou d'une monarchie, sans pouvoir et sans majesté ; qu'il devient dès-lors impossible à aucun ministère, ami du trône, fût-il même aussi modéré qu'un Martignac, de se maintenir ; que cet abus est intolérable, puisque ce serait ôter au Roi le droit de choisir ses ministres ; que d'ailleurs ces journaux font perdre toute considération extérieure à la France, en la représentant comme divisée entr'elle et son prince ; et qu'enfin tous ces inconvénients subsisteront, tant qu'on n'établira pas une censure perpétuelle.

Les défenseurs du journalisme prétendent au contraire que sans eux les intérêts du peuple seraient sacrifiés, ses libertés détruites ; que toute espèce de vexations se commettraient impunément ; que l'amorce des dignités, du pouvoir, des richesses et des places dont le ministère dispose, est si irrésistible, que jointe à l'influence qu'il exerce dans les élections, il finirait toujours par avoir une majorité corrompue dans les chambres ; qu'alors le régime constitutionnel ne serait plus qu'une déception, qu'un piége même, puisque le gouvernement n'ayant plus d'obstacle ni de contrôle à redouter, pourrait consacrer l'impunité de ses actes les plus arbitraires et les plus iniques sous le voile de la légalité ; que le seul contre-poids qui puisse balancer cet inconvénient, est dans le cri d'alerte que jettent chaque jour les feuilles libérales ; que ce cri et les soupçons ombrageux des journalistes tiennent en éveil la nation sur ses intérêts menacés, et qu'alors les ministres n'osent plus enfreindre si ouvertement les lois ; que s'il en était autrement, l'indignation resterait trop longtemps concentrée au fond des cœurs, et que faute de pouvoir s'exhaler dans les journaux, elle finirait par éclater avec la violence des volcans, et qu'alors le trône pourrait s'abymer au milieu de nouvelles révolutions.

Sur quoi le tribunal considérant :

1.º Que l'histoire atteste que plus d'un bon Roi a pu perdre l'affection de ses sujets par la marche vicieuse que ses ministres donnaient à l'administration ; que l'erreur peut se glisser au sein des conseils des Princes, et qu'il est bon que l'opinion publique, dont les journaux sont l'organe, puisse alors se faire entendre pour leur signaler les abus, indiquer les moyens d'y remédier, et prévenir tout danger ; celui, par exemple, que cour-

rait le trône, s'il était menacé par quelque conspiration secrète,
ourdie, soit par des chefs d'armée, soit par de nouveaux maires
du palais, soit par une corporation ou congrégation quelconque,
soit par des ministres qui méditassent la résurrection du sys-
tême républicain, ou un changement de dynastie, ou le despotisme absolu avec les fléaux qui désolent aujourd'hui l'Espagne.

2.º Que tous ces périls cessent d'exister dans les monarchies
constitutionnelles, parce que tout l'odieux des actes vexatoires
et arbitraires, et tout le poids de la responsabilité ne retombent
plus sur le chef de l'état, mais sur les ministres seuls ; que dès
qu'il plait au Roi d'en choisir d'autres, toute plainte cesse, l'es-
poir d'une meilleure administration se trouve rempli, et fait
naître de nouveaux transports d'amour pour la couronne ; que
ce nouvel ordre de choses, en affranchissant nos monarques des
agressions des anciens corps privilégiés et des résistances des
parlements, leur permet de faire tout fléchir sous le joug sa-
lutaire des lois, et de doubler les revenus du trésor public ;
mais que si les français supportent, sans se plaindre, les char-
ges les plus onéreuses, c'est parce que la publicité qui les met
en communication avec les chambres et avec le Prince, les rend
juges du bon emploi des impôts, leur fait sentir la nécessité de
les acquitter, et que, les faisant pour ainsi dire participer aux
délibérations des Tuileries, ils peuvent apprécier la justice, la
sagesse et la sollicitude de leur souverain pour assurer leur
bonheur, ce qui dispose nécessairement les peuples à une ad-
miration mêlée d'estime et de reconnaissance, et devient le
plus sûr garant de leur obéissance et de leur fidélité.

3º Considérant que si la monarchie n'est qu'une sage imitation
de l'autorité paternelle dans chaque famille, et que si cette
autorité doit être absolue, lorsque les individus qui la compo-
sent sont encore dans l'enfance, il a été convenable d'adopter
aussi ce qui a lieu, lorsque tous les membres de la famille ont
atteint l'âge de raison ; c'est que le père consulte ses enfants,
leur fait sentir l'utilité de telle ou telle mesure, et la nécessité
où ils sont d'y coopérer de tous leurs efforts, et par des sacri-

fices même, pour l'avantage commun ; que ce sacrifice donnerait peut-être naissance à des mécontentements, si le père laissait ignorer à ses fils dans quel but il l'exige, tandis qu'on les voit s'empresser de souscrire à tout ce que commande la raison et l'intérêt général de la famille ; qu'on peut croire dès-lors que c'est la nature qui a fourni le modèle des gouvernements représentatifs et des améliorations successives dont le besoin se fait sentir dans les ménages comme dans les états ; qu'il est clair que cette publicité et cette discussion des intérêts généraux soit dans les chambres, soit dans les rapports motivés des ministres, soit dans les journaux, dans l'intervalle des sessions, sont chez un grand peuple, ce qu'est cette consultation d'un père à l'égard de ses enfants, à l'effet de fortifier de leur assentiment les mesures qu'il veut prendre.

4.º Considérant que c'est aussi la publicité et la libre manifestation de la pensée dans les journaux, et non les rapports des courtisans qui peuvent instruire le monarque, des vœux, des besoins et de l'opinion véritable de ses sujets ; que de là naît la possibilité de s'entendre si quelque nuage s'élevait entr'eux.

5.º Considérant que ce qui a le plus contribué à la chûte du gouvernement impérial, c'est que les projets ambitieux de son chef et plusieurs de ses lois tyranniques n'ont pu être librement et publiquement discutées et critiquées, que, par contre, la prospérité de l'Angleterre est peut-être due à la sage réserve et à la maturité que ses divers ministres ont mis dans leur conduite, après avoir soumis leurs plans à la critique sévère de l'opposition Wigh ; que cette discussion publique peut donc être souvent la sauve-garde des états, et qu'elle est en même temps l'antidote de ce lâche égoïsme, qui, en isolant les citoyens, les transforme en un vil troupeau, facile à conduire, il est vrai, mais pour lequel tous les bergers sont bons ; que le silence et la censure ne sont propres qu'à faire soupçonner des dangers imaginaires, et à favoriser les impostures des ennemis du trône ; qu'il vaut bien mieux que la vérité brille dans tout son éclat, et que puisque le gouvernement n'a pour but que notre bonheur dans toutes les lois qu'il propose, il ne doit pas craindre de les soumettre aux contreverses de l'opinion ; qu'il est préférable que le peuple sache apprécier, par les libres discussions des journaux, les avantages de l'ordre légal sur l'anarchie et l'arbitraire, ordre qui le fait jouir du fruit de ses travaux et le rend juge de la juste répartition des impôts ; que ce zèle, aujourd'hui presque général, qui porte les citoyens à s'occuper des affaires de l'état, n'est autre chose que l'amour si naturel de la patrie ; qu'on ne peut aimer la charte sans aimer en même temps les Princes à qui on la doit ; que si cet intérêt et ce zèle, qui sont si inquiétants pour les ministres, venaient à cesser, il n'existerait bientôt plus d'esprit public, ce grand ressort qui donne aux nations le sentiment de leurs forces, de leur dignité, et à l'aide duquel tout devient possible à un monarque chéri ; ressort qui fera toujours de l'Angleterre le premier peuple du monde ; que c'est un levier qu'il faut utiliser et non briser ; qu'il ne s'agit donc que de régler l'usage de ce pouvoir nouveau, appelé journalisme, qui s'est introduit dans l'état par la force des circonstances, pour que son influence cesse d'être perturbatrice.

Considérant d'ailleurs qu'autant que les journaux peuvent être utiles, quand ils se bornent à éclairer l'opinion publique par de sages et lumineuses discussions sur les projets de lois et les mesures d'intérêt général, autant l'empire qu'ils exercent est pernicieux, quand, substituant les injures et les personnalités aux raisons et à une judicieuse critique, ils nourrissent les méfiances, avilissent le gouvernement ou la religion, et sèment la zizanie parmi les français, en les représentant sans cesse, ou comme des anarchistes ennemis de l'autel et du trône, ou de vils esclaves vendus au pouvoir pour enchaîner leur patrie.

Considérant encore que les ministres ont introduit mal à propos la coutume de se prévaloir de l'autorité royale pour rendre leurs actes inattaquables ; que c'est à tort qu'ils commettent le monarque dans une lice où il n'est pas de sa dignité de descendre ; que le Roi est reconnu inviolable, que placé au-dessus de la sphère des orages, il jouit du bonheur de ne pouvoir faire que le bien ; que le mal lui est censé étranger, et ne peut être attribué qu'à de mauvais conseils ; que, par conséquent, c'est aux ministres, qui ne sont que les dépositaires momentanés du pouvoir, et les garans responsables de l'administration dont ils sont censés diriger la marche, a peser mûrement tout ce qu'ils signent ou font signer, pour se justifier au besoin ; qu'il importe que la défaveur qu'ils auraient méritée ne puisse rejaillir sur le monarque ; que c'est un principe déjà consacré, et que s'ils pouvaient toujours se couvrir du manteau royal, pour excuser leurs démarches, se serait bien inutilement que la charte les aurait rendus responsables.

Considérant enfin que les rédacteurs des journaux ont poussé la violence de leurs attaques à un point intolérable ; que c'est un genre de fanatisme qui a son danger comme les autres, et qu'on doit également réprimer ; que ces rédacteurs semblent avoir oublié que les railleries les plus spirituelles, les satires les plus mordantes, et les sarcasmes les plus amers peuvent bien obtenir le sourire approbateur de la malignité, mais qu'elles sont sans force pour éclairer les esprits et y porter la conviction ; que la nation française a plus de bon sens que ne le pensent ceux qui essaient de l'égarer dans de fausses routes ; que le [temps n'est plus où de vaines déclamations fondées sur des utopies dont l'expérience a fait justice, pouvaient la séduire ; que la France aujourd'hui ne soupire plus qu'après la paix, l'ordre, le régime légal fondé par la charte, jurée par Louis XIII et Charles X, et qu'elle blâme en général ce ton d'aigreur et d'acharnement qui préside à la rédaction des feuilles publiques, surtout lorsqu'elles cherchent à faire retomber sur le trône même la responsabilité des plus petits abus qui peuvent se glisser dans les immenses détails de l'administration publique ;

Arrête :

La critique des actes du gouvernement et de ses agens est permise dans les journaux, mais sous la condition expresse que toute personnalité en sera bannie, et que cette critique ne pourra se faire qu'avec ce ton de décence, et ces formes respectueuses que nos parlements employaient dans leurs remontrances à nos Rois.

Tout journal où se trouverait inséré un article répréhensible sous le rapport du respect dû au Roi et à la Religion, pourra être dénoncé par un Procureur Général. L'affaire sera portée à la délibération d'un tribunal particulier composé, de deux juges de paix, de deux citoyens élus par les électeurs de chaque département, de deux juges de la Cour Royale et d'un juge de la Cour de Cassation, pour Paris. S'il s'agit d'un journal de département, ce tribunal sera composé des 6 mêmes juges de ce département, et du Président du tribunal civil le plus voisin du lieu où s'imprime la feuille périodique incriminée. Tous ces juges seront choisis par le sort en présence des propriétaires du journal ou de ses directeurs responsables. Nul débat public n'aura lieu devant ce tribunal. Après la lecture de la dénonce, on ouira la réplique que pourra faire celui des entrepreneurs du journal que ses collègues auront chargé de ce soin. Tout se passera à huis-clos, et sur la simple déclaration, à la majorité, que l'article dénoncé parait répréhensible au 1.er, au 2.e, au 3.e ou au 4.e degré, le journal sera suspendu pour 8 jours, un mois, 2 mois ou 3 mois. La peine de la récidive ne pourra être moindre que la suppression pour un an; les frais seront à la charge du condamné.

Un arrêt aussi équitable obtiendrait sans doute l'assentiment général de la nation, puisqu'il n'est que l'expression d'un besoin bien réel et bien senti par tout le monde, à l'exception peut-être, de leurs excellences et de MM. les journalistes. Que les premiers se décident à entendre critiquer tous leurs actes publics, sauf à confondre par le succès l'injuste attaque de leurs adversaires. Que les autres s'accoutument à se voir condamnés lorsque leur critique sortira des bornes de la décence et de la bonne foi, où dégénérera en calomnie; cet arrêt ne tiendrait-il pas la balance égale entre les deux parties.

Quels sont les rédacteurs de journaux qui ne se trouveraient pas flattés de l'honorable attribution que leur concéderait ce projet de loi? Y aurait-il de plus noble et de plus utile fonction que la leur? Sentinelles avancés de la nation, ils jettent le premier cris d'alarme au moindre soupçon d'attaque contre ses libertés. Armés du glaive de la parole, leur voix retentit chaque jour d'un bout de la France à l'autre. Ils guident l'opinion publique. Ils se font les avocats de la patrie, s'asseyent aux bancs du conseil d'état, discutent tous les plans qu'on y propose: ils louent ou blament les projets de finance, les projets de guerre et toutes les importantes questions. Ils forcent les ministres à se conduire d'une manière irréprochable; à ne faire que leur devoir et tout leur devoir. Ils marquent du sceau de la réprobation les malversations constatées des fonctionnaires publics. Les plus hauts dignitaires comme les plus simples agens de l'autorité ne peuvent plus s'écarter de la ligne que la loi leur trace, sans attirer soudain sur leurs têtes la censure ou le mépris. Les journalistes deviennent, en un mot, dans l'état, une quatrième puissance, mais cette quatrième puissance une fois établie a besoin d'être réglée. Il n'est pas un seul bon français qui n'en comprenne aujourd'hui la nécessité. C'est aussi ce qu'a voulu la charte dans l'article qui permet la liberté de la presse avec la répression de ses abus. Il ne s'agit donc que de trouver les moyens les plus convenables pour cette répression, et l'on conviendra que cet arrêt de notre président idéal du tribunal suprême de la France remplirait ce but, sans qu'on puisse néanmoins accuser ce projet de trop de sévérité ou de fiscalité. Il se réduit à un seul article et à une seule peine. On interdit la parole pour quelques jours à celui qui en fait un indigne usage.

Que les journaux jouissent donc de l'énorme puissance du contrôle universel, mais qu'ils honorent cette charge par un ton plein de dignité. Qu'on leur accorde la dictature de la parole écrite; mais qu'ils se gardent d'en abuser. Qu'ils remplacent nos anciens parlements, sous le rapport de la discussion des projets de lois, mais qu'ils soient astreints aux mêmes formes et à la même décence de style ; et que s'ils veulent adresser des allocutions à nos souverains , que ce soit avec tout le respect qui leur est dû. S'ils veulent que ce droit de haute censure morale et politique leur soit conservé , qu'ils ne le rendent pas odieux ; s'ils tiennent au maintien de la liberté de la presse , qu'ils n'en fassent pas désirer la suppression ; que leur pouvoir ne devienne pas inquisitorial, et n'aille point scruter la conduite privée et les secrets de famille , s'ils ne veulent pas que ce qui a flétri l'inquisition religieuse ne flétrisse aussi leur inquisition politique ; qu'ils soient bien convaincus que si la censure est jamais rétablie , ce seront leurs excès qui l'auront rappelée.

J'ose ici prendre les journalistes en témoignage dans leur propre cause ; que leur demandera-t-on en compensation de la dictature de la parole? De la bonne foi, de la décence, un style dépourvu d'amertume et d'injures, ce qui n'exclut pas pour cela les plus beaux mouvements oratoires ; de la modération , de l'urbanité française, et en un mot, tous ces égards dont ils sentiraient eux-mêmes la convenance, s'ils étaient admis, en personne, à parler devant la France assemblée, et en présence du Roi.

La dernière loi sur la répression des abus de la presse avait manqué le but en le dépassant. Un nouveau projet vient de vous être présenté et sera soumis à la discussion publique. J'ai cru devoir aussi vous soumettre le mien qui prévient le reproche de fiscalité et le scandale des plaidoiries. Chacun de nous doit contribuer à la guérison du mal par le concours de ses idées ; mais quelles que soient les objections qu'on oppose à ces projets, hâtons-nous d'arrêter par une mesure efficace les progrès de cette anxiété et de cette espèce de fièvre qui nous consument. Si l'esprit d'opposition systématique du Constitutionnel et du journalisme libéral peut survivre à une telle transaction , qu'il ne serve du moins qu'à répandre la lumière sans allumer d'incendie. Faisons en sorte surtout que les principes conservateurs de la monarchie et de la légitimité deviennent populaires ; que par vos soins et vos publications, ils germent dans tons les cœurs;

qu'ils fructifient pour le bonheur de la France et pour la stabilité du trône que nous devons mettre à l'abri de toute atteinte ,
si nous voulons jouir longtemps des bienfaits d'une sage indépendance et des franchises que nous devons à la famille de St.-
Louis ; car ne vous y trompez pas , ces franchises et cette famille sont destinées à régner ensemble ou à périr dans le même
naufrage. L'histoire est là pour nous faire souvenir si nos libertés avaient gagné à substituer à Louis XVI la république et
l'empire. La loi qui vous est présentée doit devenir l'ancre de
notre salut, car elle doit régler définitivement l'usage de ce
puissant levier qui soulève à la fois les passions ou les calme
à sa volonté par la force irrésistible de la persuasion ; et vous
le savez, MM. les Députés, les passions c'est l'homme même.
Ainsi une loi équitable qui se bornerait à exiger de la modération de la part de ceux qui s'érigent chaque jour en conseillers
publics de la couronne et du peuple, peut devenir le gage de
notre tranquillité; les juges seront les premiers a en reconnaître
l'impartialité et en feront sans répugnance l'application ; alors
seulement les germes des guerres civiles seront étouffés ; les
haines s'assoupiront, parce que d'odieuses récriminations ne
viendront plus les réveiller, toutes les nuances d'opinions viendront aussi à se confondre ; alors seulement la France ne faisant qu'un avec son Roi jouira d'une plus grande considération
parmi les autres peuples ; sa stature leur paraîtra colossale; sa
prépondérance pourra renaître , et sa prospérité deviendra le
fruit de sa concorde intérieure; mais cette concorde ne s'établira que lorsque le ferment qui porte l'agitation dans les esprits
aura cessé; oserai-je le dire, et voudriez-vous m'en croire, Messieurs, cette agitation ne cessera que quand vous l'aurez voulu.
Oui, Messieurs, il dépend de vous que tous les français soient
unis, c'est en donnant vous-mêmes l'exemple de l'union. Si
cette tribune ne retentit plus que de paroles de paix , les dis-
sensions civiles auront un terme, et la matière inflammable vien-
dra à manquer aux journalistes qui soufflent le feu de la dis-
corde. Que tous vos vœux et que toutes vos opinions se confon-

dent dans l'amour de la patrie et de son chef, puisque vous vou-
lez tous également le Roi et la charte, et vous verrez soudain la
nation entière adopter votre devise ; que ceux qui se plaisent
dans leurs écrits à vous partager en côté droit et gauche , en
royalistes purs ou dissidents , en constitutionnels ou en révolutionnaires soient regardés comme vos ennemis, comme les ennemis de la patrie dont ils cherchent à prolonger les troubles.
N'en doutez point, tant que vous serez divisés vous-mêmes, les
français le seront, et à votre exemple, ils suivront deux ban-
nières; mais qu'une heureuse harmonie s'établisse entre vous ,
et ils ne formeront plus qu'un peuple de frères , voilà le plus
beau spectacle que vous pourriez offrir à votre Roi, et en même
temps le plus grand service que vous puissiez rendre à votre
patrie ; c'est alors seulement que notre monarque, convaincu
que l'amour de ses sujets est pour son trône une base plus iné-
branlable que celle de la force , pourra se livrer à tout ce que
les nobles inspirations de son cœur lui suggéreront pour notre
bonheur et l'affermissement de nos libertés.

NOTA. Il ne faut pas oublier l'époque 1828 où ce plan a été écrit.

Carcassonne , Imprimerie de L. Pomiés-Gardel.

PLAN POLITIQUE

SUR L'ALGÉRIE,

ENVOYÉ À M. LE MINISTRE DE LA GUERRE

Par M. Bénéche,

Ancien Principal du Collége, et Bibliothécaire de Carcassonne.

Carcassonne, le 29 septembre 1839.

A son Excellence M. le Ministre de la Guerre.

Monsieur le Ministre,

Permettez-moi de vous communiquer une idée que je crois avantageuse à notre patrie.

Nous désirons tous de ne pas perdre nos conquêtes en Algérie, elles nous coûtent assez cher depuis neuf ans. La

Nota. — Ce plan a été communiqué en 1844 à MM. Vidal, juge de paix et membre du conseil municipal, Dupré, procureur du roi, et Lacombe, vice-président du tribunal. — Ces trois Messieurs y ont trouvé des vues utiles, et ont reconnu que le milliard dépensé pour l'Algérie, depuis 1830, l'aurait été plus fructueusement par l'adoption d'un plan de ce genre. Depuis sept ans l'auteur a fait beaucoup de démarches inutiles pour le faire parvenir sous les yeux des ministres : il l'a soumis au Préfet et au Maire dans ce but, mais ils ont répondu que cela ne les regardait pas, n'étant pas une affaire d'administration. Il se décide à le faire imprimer, puisqu'il est question aujourd'hui plus que jamais du sort de l'Algérie.

L'Auteur envoya aussi son plan à M. Bugeaud, en 1845. Il ignore s'il lui est parvenu, car il n'a pas reçu d'accusé de réception. Il vient de voir dans les jalouse Angleterre médite de nous en chasser, pour pouvoir s'emparer de deux ou trois de ses ports, afin de dominer seule dans la Méditerranée.

Qu'on sache bien que si elle ne nous a pas déjà inquiétés sur cette possession, c'est qu'elle voit que nous y épuisons

---

ournaux qu'un plan qui ressemble au sien sous plus d'un rapport, est présenté à la Chambre par M. le Maréchal Bugeaud, et va se discuter dans cette Session de 1847 ; s'il est adopté, on conviendra qu'il aurait mieux valu qu'il le fût en 1839, et la possession définitive de l'Algérie serait aujourd'hui assurée. L'idée principale s'y trouve reproduite, mais en miniature : celle de transporter en Afrique, aux frais de l'état, mille hommes au lieu de deux cent mille. Cet essai est un premier pas ; mais si insignifiant, qu'il n'assure pas notre conquête, puis de leur donner des terres et des maisons, de les leur concéder sous l'obligation de cultiver le sol et d'être soldats au besoin.

Le seul mérite de M. Bénéche sera d'avoir vu depuis sept ans que c'était le meilleur parti pour prendre possession réelle de ce pays. La France est assez peuplée pour fournir par des enrôlements volontaires, de 18 à 55 ans, les deux cent mille hommes, militaires ou autres, dont il est question dans ce projet, et qui se laisseraient gagner par l'appât d'une propriété.

Il pense que si le gouvernement a depuis huit ans fait tant de concessions à l'Angleterre, c'est uniquement parce qu'il comprend que l'Algérie est le seul point vulnérable où nous ayons à craindre cette nation jalouse. On doit donc louer la prudence de nos Ministres, si c'est par ce motif qu'ils ont voulu éviter à tout prix une rupture. Mais une fois notre conquête bien assurée par l'installation des 200,000 soldats colons, on pourrait braver l'Angleterre fallût-il même lui abandonner toutes nos autres colonies, dont l'Algérie est une ample compensation ; elles nous sont presque à charge, et les Anglais dédaigneraient peut-être de s'en emparer tant ils en possèdent sur tous les points du Globe. Dès-lors, n'ayant plus besoin d'une si nombreuse marine, on pourrait épargner une soixantaine de millions par an, et si cette épargne avait eu lieu depuis 1780, époque des glorieux et derniers triomphes de notre marine, lors de la guerre de l'indépendance des Etats-Unis, il en serait résulté une économie de plus de deux milliards. Que de choses n'aurait-on pas pu faire avec une si énorme somme. Et qu'on nous dise si ce qu'a fait et obtenu notre marine depuis 60 ans peut équivaloir à la puissance que donnerait aujourd'hui à la France ces deux milliards. Notre commerce maritime est-il plus florissant que sous Louis XVI ? le nombre de nos colonies s'est-il accru ? tout au contraire il s'est diminué de la moitié. Notre pavillon flotte, il est vrai, sur toutes les mers ; mais les Anglais disent que c'est par pure tolérance et sous leur bon plaisir.

nos forces et nos finances. Mais dès qu'elle verra notre domination prendre quelque consistance, elle nous suscitera des ennemis partout; elle nous accusera d'ambition auprès des Souvérains de l'Europe en leur faisant redouter notre accroissement de puissance. Elle nous déclarera la guerre sous quelque vain prétexte, ou peut-être nous attaquera sans même nous la déclarer, comme cela lui est arrivé déjà plus d'une fois; sa marine est supérieure à la nôtre, elle bloquera nos ports pour nous empêcher de porter en Afrique de nouvelles troupes, des munitions de guerre et des vivres.

Elle débarquera une armée pour se joindre aux indigènes que son or, ses intrigues et ses promesses trompeuses auront soulevés; elle les munira d'armes et d'officiers instructeurs. Cent petits combats nous affaibliront, et notre armée ne recevant plus de renforts se retirera dans les places fortifiées en abandonnant tout le reste. La politique astucieuse des Anglais suscitera peut-être contre nous le Maroc* et Tunis en leur faisant entrevoir un accroissement de territoire limitrophe. Peut-être encore ils auront l'air de prendre en main les intérêts du grand Sultan pour le rétablir dans ses anciens droits sur ce pays, ** et qui peut assurer qu'à l'aide de tant de forces réunies, et des tribus encore soumises à Abdel-Kader, ils ne finiront pas par nous bloquer et nous affamer dans nos places fortes, et à contraindre nos troupes à capituler.

Voilà ce qui est arrivé en Egypte, voilà ce qui est arrivé à Malte, en Hollande, en Belgique, en Italie, dans le Valais et partout où notre or et notre sang ont été prodigués en pure perte.

Nous cultivons les plaines, nous créons des villages et des grandes routes à grands frais, nous élevons des fortifications; c'est ce que nous fîmes au Helder, en Hollande, à Anvers, aux Iles Ioniennes, en Piémont, en Belgique, et tout cela est devenu la proie de nos ennemis.

---

* L'Auteur a prévu et prédit la guerre du Maroc, plusieurs années avant qu'elle éclatât.

** Cette prévision de l'Auteur paraît se confirmer par les plus récentes nouvelles.

Toutes ces énormes dépenses ne devraient se faire que lorsque la possession du sol est assurée, reconnue par tous les habitans et par toutes les puissances de l'Europe.

Les Anglais n'oseraient peut-être pas s'emparer des possessions d'autrui sans aucun prétexte, mais ils sont bien aises qu'une autre nation se charge de l'entreprise pour faire retomber sur d'autres tout l'odieux du premier envahissement; puis ils surviennent, déclarent la guerre aux envahisseurs, et ce qu'ils enlèvent à ces derniers est de bonne et légitime prise, étant faite sur un ennemi.

Voilà le danger, et il n'est je crois qu'un seul moyen de ne pas perdre le fruit de tous nos sacrifices en Algérie.

C'est d'y transporter avant qu'aucune guerre n'éclate, *Cent cinquante ou, s'il le faut, deux cent mille français* valides, pauvres, inquiets de leur sort à venir, qui surchargent la France de leur poids inutile et peut-être dangereux, mais pleins de bonne volonté pour aller chercher fortune.

On leur dirait : La France vous transporte là gratuitement, vous y donne à chacun quinze hectares de terre, pourvoit à tous vos besoins pendant deux ans, vous donne les maisons des tribus insoumises ou révoltées, ou celles bâties ou que vous bâtirez aux frais du gouvernement.

On vous fournira des armes et tous les ustensiles aratoires.

Tenez d'une main la charrue et de l'autre le sabre, vous devenez propriétaires; il dépend de vous de vivre dans une honnête aisance, mais elle exige que vous cultiviez la terre pour suffire dans deux ans à votre nourriture; elle exige que vous vous exerciez au maniement des armes, pour être dans deux ans en état de vous défendre, vous, vos familles et vos propriétés.

On peut aussi former avec les mêmes avantages des colonies militaires de tous les soldats libérés du service et qui seraient sans ressources et sans état. On leur dirait : une nombreuse armée veillera à votre sûreté pendant ces deux années, mais au bout de ce temps sachez vous suffire.

Voilà le plan, et la France dût-elle sacrifier pour l'exécuter, 200 millions et plus,* ce ne serait pas acheter trop cher une aussi belle colonie qui est à proximité, et qui pourra remplacer toutes celles que nous avons perdues, et celles que nous possédons dans les mers Antilles et des Indes, si difficiles à protéger, et dont l'Angleterre peut s'emparer en cas de guerre. L'Algérie nous affranchirait bientôt du tribut annuel de 80 millions que nous payons à l'étranger en huile et en soie; quelques cantons peuvent aussi produire plusieurs des denrées coloniales et du blé dans nos années de disette.

Je dis que les 200 millions ne seraient pas un sacrifice hasardé: car on conviendra qu'il serait impossible ou du moins très difficile de vaincre et d'expulser deux cent mille français dans la force de l'âge, bien exercés, qui auraient à combattre *pro aris et focis*, et qui, connaissant la ferocité de leurs impitoyables ennemis, ne reculeraient pas devant eux.

Il y a déjà dira-t-on, 20 mille français en Algérie. Mais on ne peut compter sur des gens que le commerce ou l'agiotage y ont attirés, et qui, répandus sur une surface de 200 lieues, ne pourraient opposer aucune résistance. D'ailleurs il se trouve là-bas un aussi grand nombre d'individus de toutes les nations qui paralyseraient tous les efforts que pourraient tenter nos nationaux, et qui aimeraient autant passer sous une autre domination que de rester sous la nôtre.

Pourquoi ne pas imiter l'Angleterre. qui après avoir pris Calais, en chassa tous les habitants et la repeupla d'Anglais en s'emparant de toutes les maisons,

---

* La dépense de chaque soldat étant calculée a 1 fr. par jour, ce serait 370 fr. par an: celle de mille hommes, de 370,000 fr.; celle de cent mille hommes, de 37 millions; de 74 millions pour les deux cent mille hommes, et enfin du double, 148 millions, pour la dépense totale des deux cent mille hommes pendant les deux années. Il resterait encore 40 millions pour faire face aux fournitures à faire à ces colons. — Cette dépense ne serait guère plus considérable que celle des fortifications de Paris, et l'utilité cent fois plus grande; car il s'agit d'une nouvelle France et de notre influence sur tout le littoral de la Méditerranée.

Edouard III fut regardé néanmoins comme un vainqueur généreux pour avoir laissé la vie sauve aux habitants qu'il dépouillait de leurs propriétés : c'est pourtant par ce procédé énergique que l'Angleterre est restée maîtresse de Calais pendant 200 ans.

Ou il faut renoncer à toute conquête, ou il faut savoir user d'une certaine rigueur autorisée par les lois de la guerre, surtout à l'égard de ces peuples qui ont déjà trois fois cherché à nous surprendre en violant leurssserments.

Imitons donc les Anglais, qui, après la prise du Canada, y envoyèrent dans moins de six mois plus de cinquante mille Anglais et bientôt après le double de ce nombre.

Voilà le seul moyen de prendre définitivement possession d'un pays. Qu'on avise donc, qu'on envisage la position telle qu'elle est, qu'on ne se fie pas sur l'apparente immobilité de l'Angleterre : son moment d'agir n'est pas encore arrivé.

La France, qui dans sa noble franchise ne sait pas soupçonner la mauvaise foi, conserve à Alger et dans toutes les villes conquises tous les anciens habitans, et compte sur leur fidélité.

Ils nous maudissent peut-être en secret, et à nos premiers revers ils se joindront à nos ennemis. Il se trouvera plus d'un traitre parmi eux; ne soyons pas toujours les dupes d'une philantropie mal entendue. Tandis qu'on plaindrait le sort de ceux qui par droit de conquête et leurs révoltes continuelles perdraient leurs propriétés, on ne songe pas au sort réservé à cent mille français, soldats ou commerçants, qui tomberaient entre les mains de ces peuples barbares, qui viennent de donner un échantillon de leur férocité. Je ne suis pas le seul qui redoute de nouvelles vêpres Siciliennes.

Qu'il plaise à notre Gouvernement, et à vous surtout, Monsieur le Ministre, qui êtes le père de nos soldats, de songer à notre brave armée qui serait privée de tout secours, surtout en vivres, par une croisière devant Alger et Oran, croisière que nos vaisseaux bloqués dans nos ports de France ne pourraient pas aller dissiper, et qui serait composée des vaisseaux du Sultan et peut-être de ceux de la Russie dont nous avons, je crois, mal à propos négligé l'alliance, *pour subir celle d'un peuple qui ne nous pardonnera jamais d'oser prétendre avoir une marine capable de lui disputer l'empire des mers.* *

La mer est encore libre. Serait-il sage d'attendre que quelque circonstance imprévue amenât une rupture avec l'Angleterre, et que toute communication par mer se trouvât interceptée ?

Je me plais à le répéter : 200 mille français, établis et propriétaires, secondés par une petite armée, assurent notre conquête, sinon elle est encore incertaine.

Qu'il vous plaise, Monsieur le Ministre, peser dans votre sagesse un projet que me suggère un ardent amour pour ma Patrie.

LETTRE

De M. Ressigeac, Député de l'Aude, A M. Gros, Inspecteur de l'Académie de Paris.

Vous connaissez, et peut-être mieux encore que moi-même, M. Bénéche, qui a été l'un de vos professeurs à Carcassonne.

---

* La France a le noble orgueil, d'autres diraient la folle prétention, d'être à la fois puissance continentale et maritime. C'est se croire encore au temps de l'empire qui avait presque tous les chantiers de l'Europe à sa disposition ; mais depuis la révolution de juillet, qui l'a brouillée avec tous les Gouvernements absolutistes, ce rôle lui convient-il bien ? L'Autriche et la Prusse ne sont que des Puissances continentales, et n'en sont pas moins florissantes. Elles évitent une dépense ruineuse et ne font point d'ombrage aux Anglais ; si elles se créaient une marine militaire, elles les auraient bientot pour ennemis ; c'est notre système qui nous les rend hostiles et tracassiers, et peut-être bientôt adversaires déclarés. Si on cessait de lutter contre une force supérieure, on aurait paix avec eux et une grande dépense de moins. Nos vaisseaux actuels suffiraient bien si, pour avoir la paix, nous étions forcés de restreindre nos relations coloniales avec la seule Algérie.

L'activité de son esprit, depuis sa sortie de l'enseignement, s'est portée sur plusieurs des questions politiques qui occupent le plus les esprits en France; surtout, il s'est occupé de l'avenir de l'Algérie avec une profondeur de vues qui ne vous urprendra point. IL A RÉDIGÉ, SUR CE SUJET, UN PLAN QU'IL M'A SOUMIS DEPUIS PLUS DE TROIS ANS. Il l'avait déjà envoyé au Ministère de la Guerre, mais il a dû rester enfoui dans les cartons des bureaux. Dans sou noble désir de se rendre utile au pays, il veut que son travail parvienne au Ministre lui-même, et il a compté sur vous pour lui en donner les moyens. Quoiqu'il n'ait pas besoin de recommandation près de vous, je vous écris pour vous engager à lui faciliter un tel accès. etc.

RESSIGEAC.

Toulouse, 14 *octobre* 1844.

Carcassonne, Impr. C. Labuu.

www.ingramcontent.com/pod-product-compliance
Lightning Source LLC
Chambersburg PA
CBHW061714060726

47597CB00006B/2365